JN408669

우화의
날갯짓

문학공원 시선 160

빗줄기 전주곡에 우산 펼치고
근심 없이 비 노래하고 하늘의 변화
함께 어울려서 노닐고 추운 겨울
눈꽃송이 되어도 좋다
두 팔 우듬지 되고 두 다리 쭉쭉 뻗어
밝은 햇살 공기 먹은 나무여도 좋다
우화 후 이동한 어디라도 좋다

우화의 날갯짓

정현경 시집

문학공원

‖ 자서 ‖

장자의 나비가 되고 싶어

영혼은 땅을 밟지 않습니다

늘 위에서 내려다보는 눈 있어
걷지 못한 이도
보지 못한 이도
듣지 못한 이도
생각만으로
광속光速으로
날아다닙니다

영혼은 말을 하지 않습니다

미운 마음도
좋은 마음도
이미 알고 있으니
투명체透明體로
날아다닙니다

바람을 잡으려고 차장 밖으로 손을 내밀었습니다
바람을 잡을 수가 없습니다
싸한 손만 남았습니다
햇살을 잡으려고 창문 밖으로 손을 내밀었습니다
햇살도 잡을 수가 없습니다
따뜻한 감촉만 남았습니다
흐르는 시간을 잡으려고 나를 열었습니다
시간도 잡을 수가 없습니다
생성과 소멸의 반복입니다
바람을 가둘 수는 있습니다
햇살도 가둘 수는 있습니다
시간을 더할 수는 있습니다
나는
바람과 햇살과 시간으로 익어온 영혼입니다.

찬바람이 불어오는 2019년 늦가을에 일 년 동안 농사지은 자서전반에서의 자전에세이집 『바람은 썩지 않는다』를 출간하게 되었습니다. 노릇노릇 연세 드신 노익장들과 함께 출간한 자전에세이의 발가벗은 모습이 부끄러웠습니다.

그래서 그 동안 끼적여 놓았던 삶의 옹이들을 모아, 시라는 이름으로 포장하여 시집의 옷을 자전에세이집에 입혀야겠다는 생각이 벼락같이 떠올랐습니다. 10년, 20년, 30년 전의 삶이 내게 준 흔적들을 엮었더니, 시대에 뒤떨어진 시편들이 있어도 아량으로 이해하시리라 여기며 인사를 대신할까 합니다.

아이 셋과 함께 보증빚잔치의 굴레에 갇힌 삶. 매미가 우화하려면 땅속에서 7년을 살아야 하는데, 나는 20년 동안 경제적 암흑의 굴레에서 방황했습니다.

신은 한 사람에게 모든 복을 주지 않는다 합니다.

내게 주어진 복은 경제적 시련이었습니다.

마침 <스토리문학>의 김순진 대표님께서 흔쾌히 출판을 해주시겠다하여 『우화의 날갯짓』이란 이름으로 첫 비행을 하게 되었습니다.

이제 우화하여 추락하지 않고 창공에서 노닐 수 있는 장자의 나비가 되어볼까 합니다.

갑작스럽게 이루어진 시집 출판을 위해 연말의 바쁜 일정에도 불구하고 시집으로 엮어 주신 김순진 스토리문학 대표님께 다시 한 번 감사의 말씀을 드립니다.

나를 알고 있는, 또는 모르는 독자라도 이 시집을 읽고 맑은 영혼으로 미소 짓는 오늘이 되길 기원합니다.

2019년 겨울

정 현 경 드림

降霜過秋景 강상과추경

秋峰 추봉　鄭然鎬 정연호

曉白鹽灑草凍見 효백염쇄초동견
새벽에 소금을 뿌려 풀을 얼려놓은 걸 보니

何葉姸染作事感 하엽연염작사감
어쩌면 잎에다 고웁게 물들이려나 보다

明日全山野丹楓 명일전산야단풍
내일이면 온 산과 들이 울긋불긋하겠구나

伊美秋曠不看獨 이미추광불간독
저 아름다운 가을을 혼자 볼 수 없지요

차 례

1부. 풀잎 같은 여자

2부. 선악과 따기

3부. 흔들려야 산다

4부. 도가에 물들다

5부. 첫숨과 끝숨

1부

풀잎 같은 여자

툴툴 주식시장

앞으로 10년은
주식시장서 놀지 말고
이 강산 휘돌아다니며
삼천리강토에 발자국 남기고
화려한 강산 만들어보자

하노이 회담으로
대북주 추풍낙엽 되고
자본주의 돈의 바다
주식시장서 이사하고
바늘구멍만한 희망마저
툴툴 털고 나니
짝짝짝, 잘했다고
환하게 웃고 있는 봄꽃들

커피사피엔스

향기 나는 식물을 먹고 사는 동물인 나는
사람인 나는
향기는 고사하고 왜 구린내만 풍길까
향기 나는 식물을 먹고 사는 동물인 나는
동물 아닌 사람인 나는
식물만 먹으면 구린내 사라지고 향기가 날까
향기 속의 향기는 사람 속에 있고
사람 속의 향기는 커피 속에 있고
사피엔스 사피엔스 커피사피엔스

고속도로의 꿈

산속의
아주 작은 산의 품속에서 작은 꿈을 꾸던 내가
산을 품고 달린다

하늘 위에 떠 있는 산등성이 산맥 속의
아주 작은 산 밑에서 작은 꿈을 꾸던 내가
산의 정상을 품고 달린다

푸른 창공속의 흰 구름 속에 숨어있던
아주 작은 창공에서 꿈을 꾸던 내가
구름을 품고 달린다

고속도로를 달리다 보면
산이 아닌 내가
모든 산을 품고 하늘을 달리고 있다

빗방울 시계

아파트에 살아보니
고층아파트는 비를 삼키고 바람을 뱉는다
비가 오는지 가는지 바람만 출렁출렁

그런데 비를 알려주는 건
베란다 안전대에 달린 물방울들
해시계 물시계 꽃시계 대신 빗방울 시계
아이 참 좋아라
조롱조롱 달린 빗방울들

손가락 나무

물과 햇빛 대신
부지런함과 정신력으로
자라는 옹이 박힌 손가락 나무

가지마다 찢기고 갈라지고 잘렸어도
함께 살아야하는 가족들이
손가락 부채로 살아가야 하는데

인공색소를 뿌리다

푸릇푸릇 야산이 사라졌다
노릇노릇 들길이 사라졌다
아스팔트란 옷을 입고 곱게 뻗은
색색깔의 인공색소들이 달린다
긴 다리 위 레일에 총알이 달리고
논길 옆에는 소보루빵들이 빵빵거린다

반짝반짝 반딧불이 사라졌다
초롱초롱 샛별들이 사라졌다
화려한 옷을 입고 고운 자태로
달빛보다 더 강렬한 인공색소들이 빛난다
하늘 아래 땅 위에 유혹의 손길들이 반짝거린다

오늘 아침,
내 밥상 위에 뿌려지는 인공색소들

출근시간

빛이 사그락사그락 어둠을 갉아먹고
환한 수국 송이송이 터져
이 집 저 집 달그락달그락 숟가락 일어난다
어둠이 빛 속에 잠들고
깜빡 든 잠 속에서 놀란 책들이
퍼득퍼득 세수하고 책장에 꽂힌다
휴대폰이 화장실로 어기적어기적
가더니 어느새
곱게 단장하고 세상소식 전한다
빛은 바쁜 아침을 먹고
둥근 배를 통통거리며
미소 짓고 있다

풀잎 같은 여자

나는 풀잎 같은 여자
비를 먹고 사는
싱싱한 풀잎이 되고파
구름 끼고 비가 내릴 것 같으면
바람과 함께 떠도는 여자

시들시들 아픈 맘들이
살랑살랑 구름 따라
하늘하늘 바람타고
하늘을 날다가
빗방울 떨어지면
풀잎에 내려앉는
나는 비를 좋아하는
풀잎 같은 여자

비가 올 것 같다
이제 비상할 준비를 하기 위해
시들시들했던 육신이
생기를 찾는다

미세먼지의 하루

흐린 하루가 미세먼지와 동행하여
행복했는지
같은 색의 비행기가 미꾸라지처럼
뿌연 하늘을 헤엄치고
먼 곳을 향하여 무한대로 사라지고
안개와 동행한 내 발길은
미세먼지보다 가벼운 재치기로 가려웠고
태양도 죽고 안개 속을 헤맨
가버린 시간
오늘은 죽었다

움트는 땅속

아침마다 산등성이 너머 출근하는 길
하얀 눈 이불을 걷어 내고 나니
산속 땅속에선 도란도란 얘기가 들린다
꿈틀꿈틀 몸짓 소리가 들린다
여기저기서 움틔우는 분주한 소리가
아우성처럼 들려온다

땅이 방긋 입을 연다
봉글봉글 산등성이가 부풀어 오른다
나뭇잎이 아작아작 먹이를 먹고 있다
산속 땅속에서도
들판 땅속에서도
봄은 싹을 틔우느라
쉴 새 없이 쫑알거리고 있다

아는지 모르는지
까치 한 마리 나무 위 앉아있다

부유한 창틀

작은 창틀 하나 열어놓았더니
작은 내 집에서
드넓은 하늘도
커다란 산도
높은 아파트도
정원의 작은 나무도
볼 수 있어 좋구나

내 마음의 작은 창틀 하나 열어놓으면
내 안으로 솔바람도 댓바람도 따뜻하게 들어오고
개나리 진달래도 향기롭게 지나가고
가시 달린 장미도 촉을 꺾고
국화처럼 부드러워지는
내 안의 작은 창틀 하나 갖고 싶다

고속도로 정체

너는 태어날 때도 돈으로 계획되어
쫓겨나는 아픈 이의 가슴에서 태어나더니
돈으로 다듬고 가꾸고
쭉쭉 빵빵 뻗어 미끈하게
내 땅 굳히기로 땅땅하니 서 있더니
명절마다 길 위에 수천 수억 짜리
돈들이 엉금엉금 거리고
톨게이트는 하마 입으로
결제되었습니다, 외치고 있다

아, 옛날이여!
딸가닥딸가닥 말발굽 소리여!

바위의 묵념

사색이 깊은 곳에 영혼이 눈을 뜨며
초록이 푸른 곳에 여름이 찾아오나니
깊은 산속 계곡 묵직한 돌덩이

넓은 엉덩이 내밀어 햇살 머금고
고단한 등산객 의자 되어
맑은 하늘 보며 되돌아 눕고 싶어도
움직일 수 없음에랴

바람과 구름이 머문 자리
몽글몽글 곤충들 기어오르고
호르르 산새들 벗되어
내가 누군지 모르면서
온갖 속내 다 보이네

손을 내밀고 싶어도
발을 내밀고 싶어도
움직일 수 없음에랴

철철철 얕은 폭포소리 밤낮 없는 노래에

손발 안으로 묶여 있어도 생각만큼은 영민해
외롭지 않은 바위의 코 박은 묵념이여!

황태

열렸다 녹였다
반복되는 한반도
그 뜨겁던 여름도
그 추웠던 겨울도
잠깐 잠시 쉴 수 있는
봄가을 덕분이리

꽃의 바다에 빠져
신록의 여울에 춤추다가
푸르디푸른 하늘에 매달려
하얀 눈꽃 뒤집어쓰고
겨울 나목처럼 서 있는 황태
그 이름 서민의 꽃이여
한반도의 오르가슴이여

공짜는 없다

삶은 알 수 없는 굴레
그냥은 없다

개울가 명당자리
하나 얻었더니
살금살금 달려드는
모기에게 헌혈당하고

야채밭 채소를
그냥 얻었더니
야금야금 모기가
나를 뜯어먹네

삶은 알 수 없는 굴레
공짜는 없다

바람은 썩지 않는다

이제는 바람이고 싶어라
어디든 갈 수 있고
누구든 토닥거려 주며
속 시원한 바람이고 싶어라

밝은 햇살은 따뜻함으로 썩고
맑은 물은 고임으로 썩지만
바람은 썩지 않는다

말려야 살 수 있는 너
말려 죽이려고
하지만 말려야 사는 것

풍장으로 살아나는 너
바람은 썩지 않는다
바람은 모든 것을 잉태한다

뿌리

빗방울 하나가 모여 개울물 이루고
개울물 벗어나면 큰 강물 만나고
큰 강물 만나서 흘러 흘러가고
따끈따끈 햇볕에 수증기로 승천하여
또다시 태어나는구나

아기가 태어나서 가족 품에 안기어
이웃을 만나고 학교를 가고
취직하여 사회활동하다가
또다시 가족 만들어 분가하여 가듯
순회하는 삶이
빗방울 하나와 같구나

안전거리 확보

고속도로의 즐비한 차량들
빠르게 달린다

질서의 아름다움이 있다
편리함이 있다

질서를 어기는 순간에
예측할 수 없는 위험이 온다

차량과 차량 사이의 안전거리
아름다운 동행이다

사람과 사람 사이도 그렇다
서로의 마음에 안전거리를 확보하자

서로 부대끼지 말자
서로 얼굴을 붉히는 순간 위기가 온다

우화羽化의 날갯짓

싱그러움이 꿈틀거리는 햇살 속에 움츠린 20년
속은 새까맣고 머리는 하얀 블랙홀에서
동면한 변태의 날갯짓
북부에서 중부로 날아가면
실크하우스 위에 무지개 뜰까
아니어도 좋다
비닐하우스 위의 빗방울 소리라도 좋다
빗줄기 전주곡에 우산 펼치고
근심 없이 비 노래하고 하늘의 변화
함께 어울려서 노닐고 추운 겨울
눈꽃송이 되어도 좋다
두 팔 우듬지 되고 두 다리 쭉쭉 뻗어
밝은 햇살 공기 먹은 나무여도 좋다
우화 후 이동한 어디라도 좋다

이제 나만의 세상을 향해
자유롭게 날아가리라

통행료 면제

설 연휴 고속도로 통행료 면제
터널 입 벌린 굴속으로 차량들이
고래 뱃속처럼 들어간다

화사한 우주의 바다에 유영하는 차량들
자유영혼처럼 날아가는 귀가길
시원한 바람 떼몰이

신나는 톨게이트

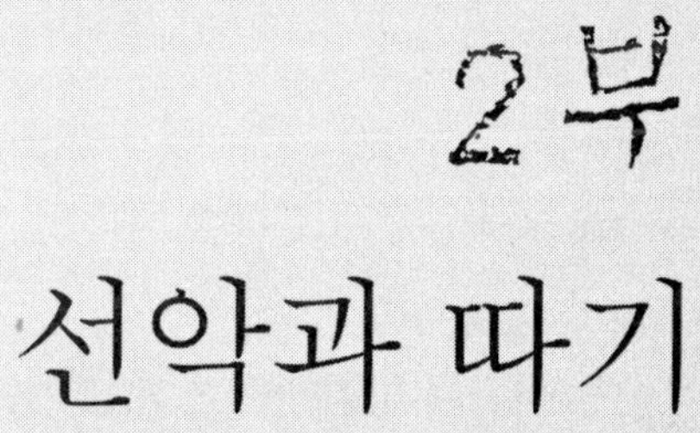

2부 선악과 따기

달 같은 인연

사람의 만남이란
바닷가 바람에 휩쓸리는 댓바람의
스산한 슬픔 같은 운명도 함께 품을 수 있는
달 같은 인연

창공에 떠 있는 광활한 보름달 같은
평온만이 있는 것이 아니라
산꼭대기나 나뭇가지에 앉을 수도 있고
구름 속에 숨을 수도 있는
달 같은 인연

지구란 지옥의 극한 세상에서 후회하지 않으려면
슬픔도 기쁨도 감사하고
절벽 같은 위기에서도
이 또한 지나가리라는

긍정의 평온을 찾아 죽음이 와도
크게 당황하지 않고 훌훌 털고 갈 수 있는
이 같은 인연이어도 좋다면
사랑해도 좋으리

배움의 길

난 가리라
길 없는 수풀 길을
이정표 없는 자갈길을
누구나 가지 않는
흔적 없는 고뇌의 길을

바람에 진통 실어 보내고
구름에 펴 담아와
오늘도 머뭇거려본다

새빨간 번뇌의 고통으로
글쓰기교실을

공부는 싫어

어제 책가방 그대로
오늘도 학교로 가는 아들
"시간표는 챙겼니?"
"다 있단 말이야"
"또 벌서지 말고"

아들과 엄마가 도란도란 얘기를 한다
"네가 너무 말 안 들으니까
엄마가 빈혈이 생겼잖아"
"그건 나도 마찬가진데
나도 빈혈이잖아"

공부하기 싫은 아들
잔꾀를 부리다 꾀병을 앓는다
놀란 학습지선생님
"손 따줄까, 약줄까"
모두 싫다하며 아픈 척을 하는데

무심히 지켜보던 엄마
돌아서서 웃는다

빨리 끝난 수업 뒤에
"일부러 연기했지"
아니라고 말은 하지만
웃음이 앞을 가리는구나

나의 집

나뭇가지가 나의 집입니다
방문객은 다음을 참고하세요

우듬지가 반겨주는 봄
생명의 싹들이 아우성치는 봄에
당신을 초대하고 싶습니다

다람쥐가 집짓는 여름
누구나 와도 좋은 계절입니다
신록 우거진 그늘이 빨랫줄에 매달리는
모습 보여주고 싶습니다

허물어지듯 서 있는 나의 집은
가을이 좋습니다
은행잎 노랑나비가 춤추는 양탄자를 밟고
방문하는 당신은 축복입니다

그러나
겨울은 제발 찾아오지 마세요
움츠려 있는 나를 보여주고 싶지 않습니다

꽁꽁 얼고 터진 나를 보러오지 마세요
나만 고통을 즐기겠습니다
가난한 나의 집입니다

무덤

여름이 넋이 되어 돌아오면
나는 어이하나
짙은 녹색 그늘 아래 누워
뜨거운 여름 속에 익어가고 있는 나는
백골 되어 누워있는
넋을 위로한다

어디로 가야 할지
어떻게 가야 하는지
무덤 속의 나는
하루를 살아도 백년이요
백년을 살아도 하루살이라
육과 영이 서로를 위로한다

여름의 넋이 돌아오면
나는 어이하나
빗방울 송글송글 잔디를 적시는데
넋은 어디 두고 처연히 누워있누나

주도적인 삶

주도적인 내 삶을 살려면
고난과 변화를 이겨내야 하리라
오늘 회암사 설교를 들으러 와서
대웅전 부처님을 뵈니 모든
불상들이 웃고 있었다

눈을 감고 기도를 하고
모든 인생이 불쌍하다 생각하는데
내가 왜 눈물이 나지
내 삶의 지혜가 모자라기 때문이지
하는 말이 맘에 파고들자 눈을 떴다

불상들의 웃음 눈이
슬픔으로 가득했다
남의 눈을 의식하지 말자
이제 주도적인 내 삶을 살자

나 홀로 앉아

나 홀로 왔다가
나 홀로 가는 우주여행

나 홀로의 삶에 익숙해지고
나 홀로의 죽음에 초연해지자
나 홀로 앉았다고 쓸쓸하거나 외로워 말자

어차피 홀로 왔다 홀로 가는
인생길인데 무엇이 두려우리

나는 아니 되리라

나는 아니 되리라
영악한 인간의 삶속에
꽃피는 간사한 웃음꽃은

나는 아니 되리라
속 터지는 바보의
곰탱이 같은 미련함은

나는 아니 되리라 했는데
나는 이미 되어 있었네

말의 기술

모든 생명체에 입을 주셨으니
생각을 말하고
지식을 말하고
사랑을 표현하고

말이란
입으로 포장하기 나름
말의 기술은
포장의 기술

세상사 정답 없고
남 험담 할 것 없다지만
시험엔 정답 있고
세상사엔 정도正道가 있지

바람이 불지 않는 건

바람도 누군가와 머무르고 싶은
순간이 있기 때문이다
바위틈에 숨어 있는 민들레에게
양지녘 풀숲에 피어있는 제비꽃에게
지나가던 나에게
하고 싶은 말이 있기 때문이다

바람이 불지 않는 건
조용히 생각하고 싶은
순간이 있기 때문이다

복 짓기

복 짓는 게 무엇일까
생각해 보니
나 아닌 너에게
긴 젓가락으로 먹여주기
나 아닌 너에게
예쁜 말로 칭찬하기
나 아닌 너에게
간절함으로 기도하기

그럼 오히려 부메랑으로
내가 즐겁지
아낌없이 주는 사랑에 대해
미안해서 하는 말
전생에 내게 진 빚이 많았나보다

흐르는 빗물처럼
퍼지는 햇살처럼
스며드는 공기처럼
아낌없이 주는 가장 아름다운 말
복 짓기다

선악과 따기

나의 잘못을 은폐하기 위해
거짓의 씨앗 하나 심었습니다

세월 지나 되돌아보니
꽃 피고 열매 맺었습니다

속상한 마음 홀로 삼키며
배려하는 씨앗 하나 심었습니다

세월 지나 되돌아보니
꽃 피고 열매 맺었습니다

거짓의 씨앗에는
금단의 열매가 열렸고

배려의 씨앗에는
수호천사 열려 있었답니다

오늘 내 모습은 십년 전의 나였고
십년 후의 내 모습은 바로 이 순간이랍니다

육감은 직관

창공 산등성 위로
떼 지어 몰려오는
뭉게구름들
바람타고 깃털 같은
영혼을 태워 하늘 바다를
항해하는 꿈을 꾸고

육감은 모자라 이십팔감까지
촉수를 세우고 오차원을 꿈꾸면
삼차원에선 식물인간

이성 속에 잠자는 감성을 깨우자
감성 속에 이성을 감추면 푼수
푼수의 직관으로 잠자는 세상을 깨우자

일상

반복되고 익숙한 일상은 무덤이다
반복되고 설레는 일상이 행복이다

행복은 기대치를 낮출 때 다가오는 원석이다
원석을 품고 가꾸면 빛나는 보석이 된다

행복은 이런 것이 아닐까
일상은 이런 것이 아닐까

범사에 감사

창조하신 모든 게 내 것인데
떼를 썼어요

월세 없는 방 한 칸만
갖게 해 달라고
빚 없는 집 한 채만
갖게 해 달라고
내가 묻힐 땅 한 평만
갖게 해 달라고
원망하며 기도했지요

그랬더니 모두 주셨어요
덤으로 국립공원도 주시고
집 앞 공원도 주셨어요
흐르는 강물도 주시고
빗물도 주시고
맑은 공기도 주시고
햇살도 주시고
바람도 주시고
수호천사도 주셨지요

그리고 관리인도 주시고
즐기기만 하랬어요

그때 알았어요
내일을 두려워 말고
오늘 행복하라는 것을
오늘 감사하라는 것을

파도타기 인생

속은 새까맣고 머리는 하얀
세월 동안 심지 굳건히 살아오기가
어디 쉽든가요

세상살이 생각대로 보는 대로
이루어지면
오차원의 세계쯤 가 있겠죠

뜻 한대로 이루어지지 않더라도
한 번 살아보는 일
그게 파도타기 인생이 아닐까요

슬픔의 이면

살까 말까 고민하는 나에게
말없이 흐르는 물이
위안을 주고 슬픔을 달래고
삶은 다 그런 거라고
도란도란 흐른다

푸르디푸른 하늘에 떠있는
하얀 뭉게구름들이
창공을 보고 살라하며
토닥토닥 내려다본다

슬픔의 뒤안길에서
돌아온 나를
흐르는 개울가가
넓은 우주가
따뜻하게 안아주며
말없이 끄떡끄떡

창공의 새 한 마리 어디론가
훨훨…

신은 죽었다, 아니 신은 살아있다

내 안에 신이 죽었다면
신이 사라진 맘속에 잉태되는
뿔난 독소들의 아우성이 태어날까
염려되는 것이 아린 아픔이지

내 안에 신이 살아있다면
신이 살아있는 내 맘
가장 가까운 곳
가진 것 없는
가장 힘이 없는 사람
나를 사랑하는 표현 없는 사람
이런 사람이 하나님이려니

아, 신이시여
공기 속 포자에 숨어서
소리 없이 임하소서

허무

하늘에 햇살은 따사롭고
새하얀 뭉게구름 꽃을 피우고
들판의 풀잎은 싱그러운데
텅 빈 마음은 허무만 가득하여
그 무엇으로도 채울 길 없는
비애이어라

햇빛에 빛나는 꽃잎은
더 할 수 없이 찬란하고
먹이 찾아다니는 개미들은
속사포처럼 움직이는데
허울 멀쩡한 이내 육신은
허무만 가득하여
그 무엇으로도 채울 수 없는
가망 없는 삶이어라

언약

그대
육체를 사랑하라
언약의 말씀으로
썩어 없어질 몸일지언정
그대 육체를 정결히 사랑하라

그대
정신을 사랑하라
영혼으로 사랑하라
불멸의 전사로
그대 정신을 정갈하게 사랑하라

육신의 사랑이 완결본이 아니며
육신의 사랑이 결정체가 아니며
육신이 모든 사랑의 결실이 아니니

그대
영혼으로 영원히 승부하라
필히 사랑이 그대의 것이 될 것이며
썩어 없어지지 아니할 것이며

하얀 모시 쟁반 위의 석류처럼
영롱할 것이니
그대
슬퍼하거나 절망하지 말지어다

가난한 삶

껍데기들 모아
소라가족 되었건만
바다 속 깊은
소라껍질은
내 마음에 담겨있네

철새 마냥
이어온 삶
물안개처럼 사라질 흔적인데
압축된 지난날 풀어보니
거북등껍질처럼 딱딱한 옹이도
내 마음에 담겨있네

새 생명
부서질세라 망가질세라
껍데기 속에서 나온 매미마냥
하잖아도 노래하는 진실을
울타리 쳐 가며 성곽 수문장처럼
내 마음에 담고 있네
영롱한 진주처럼

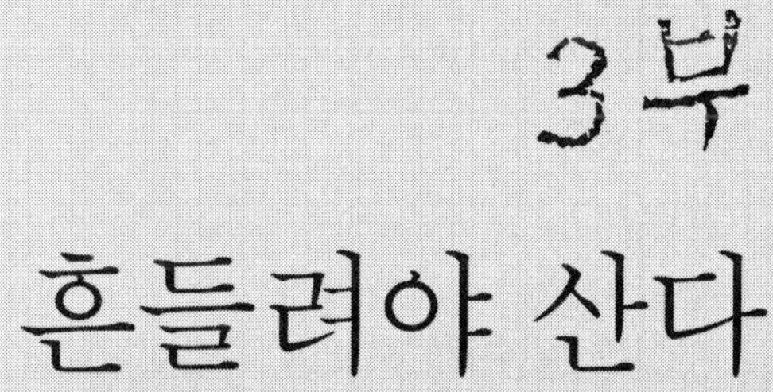

3부 흔들려야 산다

동행

환자가 환자를 밀고 가네
어…
링겔도
휠체어도
함께 가네

이른 새벽
입원실 병동
검사실 동행하는 환자 둘
휠체어 환자와 미는 환자

보는 사람
신기한지
환자가 환자를 미네

가만
생각하니
아름다운 동행이네

살생

괴로워라 괴로워라 모기야 파리야
여름철만 되면 나는야 괴로워라
파리채 든 손이 약병을 든 손이
무슨 억만 겁 원수라 이 짓을 해야 하나

미안하다 미안해 어찌할 수 없구나
한여름 밤마다 괴로워 어찌 사나
두통에 시달리고 구토에 시달려도
이 모든 게 응보라면 내 어찌 피할 소냐
지옥 같은 이생, 후생을 어이하리

생채기

살면서 생기는 상처는
내가 끌어안고 가야하는 인생사
바다에는 진주의 상처가
창공에는 새가 되기 위한 알의 아픔이
땅에는 더 깊은 고뇌의 가치를 절규하며
동행해야 하는 풀잎의 인생사가
쉼 없이 꿈틀거리고 있다

진주는 바다에 혼을 심으며
새는 공중에 혼을 뿌리며
풀잎 같은 사람은 사람에게 사랑을 심고,
뿌리고 거두지 말아야
아름다운 인생의 동반자를 동행하리
맑은 영혼을 만나리

우주는 모든 것을 그냥 주는데
생채기에
새 깃털 같은 영혼
가뿐한 육신
무소유의 향기

모든 것을 아낌없이 주고 말면 그뿐

구름에 생채기를 보았는가
창공에 생채기를 보았는가
공기에 생채기를 보았는가
물에 생채기를 보았는가
무소유의 향기
아낌없이 주고 나면 그뿐

암세포

벌써 알고 있었네
내 몸의 세포는

아무리 스트레스 받아도
괜찮아 괜찮아
내 마음 내공으로
괜찮아 괜찮아

그런데 그런데
내 몸속 세포는
이미 알고 있었네

그래도 그래도
원망하지 말고
위로하며 살자
기쁨으로 감사하며 살자

갑상선 종양

내 몸에서 일어나고 있는 세포들의 움직임
누군가
나를 공격하는 언어가 포착되면
소리 없는 총을 맞은 것처럼
쓰러지는 NK세포들
비방에 대한 방어력이 떨어져
올라오는 혈류
머리 아프고 토하고 스르륵 무너지는 면역력

이제사 알았네
내가 아픈 이유를
예쁘다, 착하다에 길들여진 내 세포들
비난의 소리에 면역력이 없다는 것을
마음을 가다듬기도 전에
먼저 침투하는 감정
마음보다 세포가 먼저
모든 사실을 알고 있다는 것을

병상에서

새벽 어스름이 아침을 깨우는 시간
어둠은 기지개를 켜고 눈을 뜨는데
나는 엄마의 향기에 취하여 새벽을 맞는다
투병으로 휑해진 두 눈동자와
퉁퉁 부은 무서운 얼굴이
이 새벽 아픔으로 다가옴은
나도 병실에서 아침을 맞기 때문이리라

병상에 누웠으니
삶과 죽음이 날 부르는데
난 어디로 가야 하나
내 할 일을 다 하지 못하여
모질게 살아야겠다는 의지와
세상살이 고통과 아픔에
그만 조용히 눈 감고 싶은 마음이
서로를 위하여 다투고 괴롭힐 때

일찍 가버린 엄마만 원망하며
어둠 속에서 긴 세월 살았지만
비취빛 청자처럼 푸르게 살아

이 새벽빛 드는 아침을 맞는
나는 한 줄기 빛의 희망이어라

흔들려야 산다

우리들은 한 번쯤 흔들려봐야 한다

잔잔한 물결 위에 수제비 지나가듯
의미 없는 흔들림 말고
난초꽃 비바람에 흔들리듯

때로 한 번쯤은
울돌목 소용돌이 같은
아찔한 위기를 당해봐야
인생살이라 하리

낙엽

단풍가를 부르며 창공에서 노닐다가
낙엽 되어 바람 따라 세상구경 나가보니
호수가 북망산에 온 풍랑속의 나뭇잎 배

어미 품을 떠나서 홀로 가는 저 세상길
낮은 곳을 향하여 뱅그라니 앉은 곳
오두막 지붕 틈 사이 엄마의 옆 자락

동살처럼 윤기 나던 어여쁜 단풍의
윤슬 같은 풍경화가 으쓱으쓱 메마를 때
인생은 공중회전돌기 바람 따라 우수수

동지선달 추위 속에 마른몸매 비비면서
바람소리 설운장단 그믐달에 묻어두고
왔던 곳, 되돌아가는 새싹의 끝자락

삶

새벽이 오는 아침처럼 우리 삶이 짧다지만
새벽빛의 은은함처럼 포근한 날들이 있기에
아침 이슬에도 환호하리라

슬픔의 날보다 기쁨의 날이 짧다지만
그래도 삶이 아름다운 건
새벽빛처럼 다가오는
기쁨이 있기 때문이리라

퇴원

아랫녘은 콩레이 태풍이 미친 듯
바람이 분다하는데 내가 있는 포천은
잔잔한 가을비 내리고 간간히
바람 불어와 입원하고 있는
내 마음 뒤흔들고 있다
번개 없는 하늘 위에 번개 치는 생각
번개 같이 퇴원하여
온천 노천탕에서 미친 듯
버캣리스트를 완성하고 자연감상
사랑에 빠진 나를 내버려둘 수밖에 없다

병든 봄

봄은 찬란한데
속은 매스껍고
머리는 아프고
육신은 토하고
나의 봄은 병들었다

찬란한 태양 앞에
속은 매스껍고
머리는 아프고
나의 봄이 병들어
시들고 있다

비록 병든 봄이라 할지라도
각자의 소명으로 꽃은 피어나고
잎은 자라 녹음 우거진
여름이 올 것이다

빛 치대기

감은 눈 별과 별 사이 무중력의 바다
푸른 별이 돌아 빛 향연이 향기롭게
빛나는 어둠 빛 눈

어둠이 새벽을 치대고 벗겨 어스름
벽돌 공간 뚫고 스미어 눈을 깨우는
소나무 하늘 아침 빛 창

물안개 빛 치대어 벗겨낸 안개
실루엣 아침 상차림

혹부리 할멈

검사결과
감상선 혹 좌우 3.8, 0.7
간 물혹 작은 거 2개
(신경 안 써도 된다네)
신장결석 0.2
(신경 안 써도 된다네)
자궁근종 3.6

걱정 말고
대학병원에 가서 조직검사를 하라 하네
나이가 드니
혹부리할멈이 되는 건가
아직 난 회갑에 회자도 돌아오지 아니한
팔팔한 중년인데

오늘 · 1

내일은 없다
다만 오늘이 있을 뿐
나의 오늘이 살고
나의 오늘이 죽고 있다
나는 다만 행복한 오늘을 살고 싶다

모든 것이 죽었다
마음이 죽고
감정이 죽고
말초신경이 죽고
살아날 가망이 없다

세월은 흘러가고
감정은 깨어날 가망이 없고
하루하루 흐르고 있다

근데 향기가 솔솔 나고 있다
사람의 향기가 감정을 깨우고 있다
마음을 흔들고 있다
말초신경이 살아나고 있다
소생할 힘이 생기고 있다

오늘 · 2

천상의 꽃나라와
이끼 낀 삶이
깍지 끼고 앉은 오늘

오늘 이 밤이 지나면
오늘이 어제되고
내일이 오늘 된다
한 밤 자고 났더니

정말
그랬다

오늘 · 3

참 좋은 날
저것은 파도
바다에 떠있는 삶
밀려왔다 사라지는
저것은 세월

참 좋은날
저것은 숲
바람이 성겨 놓은
환희의 삶
춤추다 사라지는
저것은 사랑

참 좋은날
저것은 하늘
그리움 가득 떠도는
구름의 나라
그곳은 희망

징검다리

사람과 사람 사이는
정말 힘이 든다
사람과 사람 사이는
정말 조심스럽다
사람과 사람 사이는
머리가 아프다

사람과 사람 사이가
산을 안고 있는 나무 같았으면
사람과 사람 사이가
구름을 덮고 있는 하늘 같았으면
사람과 사람 사이가
바다를 싸고 있는 지평선 같았으면
사람과 사람 사이가
징검다리 같았으면
참 좋겠다

거미

그녀는 틈 사이 숨었다가
비단 그물 그늘 막에
나무 그네 타는 춘향이
올려다본 나뭇잎 사이
푸른 하늘에 성겨 있는 스파이더맨
섬처럼 떠있는 맛나*들
거꾸로 매달린 하늘과 땅과 구름

요것 봐라
바람과 함께 사라지네

* 성경 출애굽기 16장 4절에 나오는 말로 하늘의 양식을 뜻함

건어물

나를 말려 죽이려고
그러느냐 되묻지 마라

하지만
너는 말라야 산다

풍장으로 되살아나는
너

4부

도가에 물들다

고질병

머리가 아프다
진땀이 나면 오한이 들고
식은땀이 나면 갑갑함에
토한다

지옥이 따로 없다
육신이 먼전지
정신이 먼전지
기가 빠졌다 들어온다

원인은
마음의 허기

도가에 물들다

눈앞에 나무 한 그루 있다는 것이
운무 피어오르는 산등성이 하나 있다는 것이
옥상 위 화분에 고추 한 포기 자라는 것이
상추 몇 포기 자라는 것이
도가의 속성으로 바라보면 한없이 행복하거늘

현실의 눈으로 세상을 바라보니
식물은 먹이일 뿐이고 산천은 뜬구름이라
알면서도 천천히 물들고 있는 나

흐드러지게

비 오는 날 나는
개울가에 서 있네

개울가의 물이 불어나고
달맞이꽃은 흐드러지게 피어있네

흐드러지게 내리는 비에
풀들은 머리를 숙이고

징검다리는 온몸을 눕혀
당당하게 목욕을 하네

젠장, 나도 흐드러지게
건널 수가 없네

빈 둥지

하나, 둘
제각기 삶을 찾아 떠나고
남은 가족 하나
그 바빴던 일상이
와르르 무너져 일어날 수 없네
아무것도 손에 잡히지 않고
세상사 눈에 보이지도 않고
눈을 뜰 기운도 없네

삶이 무엇인지
인생이 무엇인지
집이 무너지고
땅이 꺼지고
나풀나풀 하늘을 빙글빙글 돈다

식물과 동물

가만가만 제자리서
먹지도 않고 싸지도 않고
싹 틔우고 꽃 피워 열매 맺으니
신선이라 하리요

여기저기 다니며
향기로운 식물 먹고 싸대며
으르렁거리며 힘자랑하니
괴물이라 하리요

신선처럼 살려면 사차원에 가야하나
지구에서 너를 보니 천국이 따로 없네
괴물 같은 험악함이 지구에 만연하니
지구에서 너를 보니 저승사자 따로 없네

고래 같은 먹이 낙엽이 걸렸다

초록 뱀 같은 생생함에 공중 그늘막 집 짓고
팔자 다리 뻗어 다리를 만들고
죽은 듯이 비를 맞는다
고래 등 같은 낙엽 방패 아래
슬기롭게 숨어 꼼짝하지 않는다
바람 없이 비만 내려 한참 기다리다
적벽대전 동남풍을 날렸더니
황해로 잠수하는 거미

꽃샘추위

꿈틀꿈틀 생명의 아우성소리가
땅속에서 요란스러울 때
바람은 휘몰아치고
낙엽은 바스락거리고
천지가 요동하려고 할 때
진눈깨비가 하루 종일 휘날리더니
밤새 함박눈이 되어 온천지를
하얗게 덮어버렸지

땅속에서도 땅 위에서도 잠잠할 수밖에
두터운 이불을 덮고 있으니
다시 조용히 잘 수밖에

다음날 햇볕은 따사로이 내리쪼이고
흐물흐물 이불 빨래를 했지
자연은 그렇게 돌고 도는 거야
세상살이 인간사도 마찬가지
굴곡이 있고 희로애락이 있고

그래도 햇살을 보면 모든 게 용서가 되지
꽃샘추위도 사랑할 수밖에

햇살과 바람

돋을볕 떠오르면
바람이 나뭇가지를 흔들고
아지랑이 소슬하니 피어오르고

아장아장 아기가 나비잠 속
뜰을 노닐 때
살랑살랑 바람이 아기 귓속에
나풀나풀 웃음을 심어 놓고

동살 떠오르면
무거운 머리 얹은 고3 학생이
뜨거운 가슴 가진 새내기 직장인이
온 가족의 머리인 가장이
쪽빛 하늘 아래
금빛 꿈을 꾼다

바람은 축복인양 싱그러운 웃음을
그들의 가슴에 심어놓고

햇살은 고뇌하는
모든 이를 사랑하는 바람이어라

첫 단풍

찬바람이 싸늘해지는 초가을
일찍 감치 단풍 꽃을 피워
나를 부르는 한 그루의 단풍나무
첫사랑의 그리움만큼
중년의 가슴을 채우고 있다

아침마다 산책길 안부를 묻는다
하늘을 떠받치고 서 있는
알록달록 단풍
너처럼 찬란한 꽃이 없다는 걸
아직 덜 핀 잎새를 보며
바닥에 쌓인 낙엽을 보며

숲에 어울려 함께 묻혀있다가
붉은 기운 토하며
이렇게 찬란할 줄이야
가을을 한 아름 가슴에 안겨준 너
함께 있다 뒤돌아 가야 하는 나
빗방울소리
마음 여미며 일어서는데

빗줄기보다 먼저 낙엽이 우수수

빗방울 재촉하는 소리에
까치가 깍깍깍

옥상 위 나무에게

마음속 비밀 창고는
아무나 열 수가 없지

향기가 날아갈까 봐
추억이 퇴색될까 봐
여물지 않은 사연들이 다칠까 봐
아파할까 봐

부끄러웠던 일
창피했던 일
쑥스러웠던 일
끄집어내면
아침이슬처럼 사라져 버릴까 봐

너에게만 말하마
내 마음속 비밀을

면접

보름달 밤
숲 우거진 그늘에선
오동잎이 춤을 춘다

하찮은 시간이
소중해지는 순간
미끼 물은 물고기처럼
팔딱거린다

면접을 기다리는 시간
백수는 백수의 고통을
안
다

배롱나무

축복이 알알이 내려
사랑을 꽃 피우고 열매 맺으니
지는 꽃잎 되어 감을 해설퍼 말고
물길 따라 산천구경하며 녹아 가자구나

햇살에 빛나는 꽃의 찬란함도
비바람에 시달리는 꽃잎의 괴로움도
아픈 상처를 남길까 아우르며
굳건히 서 있거늘
평생 생계형 일만하는 너를 이해 못하냐고
때로는 극한의 애증으로
때로는 극한의 안타까움으로

꽃잎은 떠나가나 나무는 묵묵히
바람을 즐기니 애처로운 이는
너를 아는 나로구나

태풍

우거진 푸른 숲
잔가지 나란히 나란히
병마용 군사의 뒤집어진 눈
푸르른 날개 옷 펄럭펄럭 휘날리는 가지들
삐뚤어진 입 톡톡 불통 튀는 태풍
뭉그러진 코 벌렁거리며 서 있는 전봇대

새벽달

오작교의 멀어짐처럼 아침햇살에
사라져가는 흐릿한 하늘 달빛이
견우직녀 아린 마음 산 너머
사라질 때
새벽 지켜 함께한 내 마음도
해님 달님 같아라

솟아오르는 태양에 밀려
아침햇살에 사그라지는 달빛
산등성이 걸려 넘어갈 때
임 보내는 직녀 같아
더 밝아 오는 아침햇살

우주 자석이 있다면
엔 에스극으로 돌려
돌려놓으련만

꽃과 나비

자연에 나서 자연스럽게
생활하는 꽃과 나비
꽃 안에 있는 나비
나비 안에 있는 꽃

여긴 눈부신 노란 꽃
저긴 매혹적인 빨간 꽃
유아한 하얀 꽃
신비스런 보라 꽃
꽃을 찾아 날아다니는 나비들
나비를 기다리는 꽃들

여름철 불나방 같은 하루살이 사랑이
여름밤을 지키는
달맞이꽃의 지조를 지켜줄까요

잠자리

이른 아침
전깃줄에 몸을 찰싹 붙이고
십자가 형상으로 날개를 펼쳐
무형물처럼 붙어 잠을 잔다

오, 날개를 접지 못하는 곤충이여
그대의 이름은 잠자리이니
죽어서도 접지 아니하는
그 날개는 무엇을 향한 절개인가

잠자리여!
죽어서도 접지 아니하는 그 날개는
천사를 향한 그물망 옷자락인가
외로이 혼자 있지 말고 무리를 이루어
전깃줄에 와다오

이제 그만 일어나소서
참새소리 까치소리 들리는 새아침
붉은 태양 기운 받고
새들이 날으는

저 창공으로
조심히 날아오르소서!

가을 하늘

호르는 세월에 몸을 싣고
병실에 누워 하늘을 바라보니
가을하늘에 흰 구름 둥실둥실 떠가네

하늘에 펼친 푸른 도화지
맘껏 추억을 그리네
흰 파도가 출렁이며 왔다가
바위 속 계곡에 시원한 폭포가 흘렀다가
동물의 왕국이 평화스러워 보이다가
북쪽으로 흐르는 구름 속에
내 몸도 둥실둥실 떠가네

흐르는 세월에 몸을 싣고
북으로 북으로 구름 따라
둥실둥실 떠가네

불나방

무더운 여름날
전국을 배회하다가
밤 되면 불빛 향해 모여
사력을 다하는
하루살이 나비 떼

추운 겨울날
온 동네 내리는
자유의 혼 하얀 나비의 축제
불빛 아래 모여 쏟아지는
맑은 혼의 축제

사계절 내내
꽃피는 줄 알고 불빛 향기에 취해
들락날락 거짓의 향연에 병들어 가는
인간세상 불나방들
세탁기에 돌리고
압력솥 취사 눌러
푹푹 고아서
토양에나 뿌려줄까

하루 사이에

마른 나뭇가지 사이 숨은
저 많은 진달래꽃
하루 밤새 저렇게 많은 꽃망울을 터뜨렸단 말인가
봄비가 사이사이 와주더니
나무들은 그렇게 좋았단 말인가

은둔생활 끝내고 화사한 연분홍 색시되어
봄의 하늘에 아지랑이 날리려고
하루 사이 요렇게 예뻐졌구나

5부
첫숨과 끝숨

하늘나라 어머니

바람이 왔다가도
햇살이 왔다가도
왜 머물고 갔는지 알 수 없었죠
그저 그리움만 퍼질 뿐이었죠

비가 왔다가도
눈이 왔다가도
왜 왔는지 알 수 없었죠
그저 눈물만 번질 뿐이었죠

태풍이 휘몰아쳐도
눈보라가 휘몰아쳐도
왜 그러는지 정말 왜 그러는지 알 수 없었지요
말할 수 없는 진통이 왔다갈 뿐

마음속에서 숨죽이고 살아 있는 그 무엇이
하늘에 묻어둔 그 무엇이
왜 그리 아픔인지
왜 그리 찬란한 슬픔인지
왜 그리 애잔함인지

구름과 수증기의 그리움만큼
하늘과 땅의 그리움만큼
나 오늘도 살아있음에
소식 전하지 못하여도
그리도 그리운 보고픔이여

웃자, 친구야

벚꽃 흐드러지게 핀
온천천 햇살 따사로운 날
늘 곁에 있었던 것 같은
고향 친구와 중년이 된 지금
살아온 얘기꽃을 피우다

친구는
다음 생에 태어나도 이렇게 일처리 잘하는
남편 만날 수 있을까, 한다
일은 남편이 다하고 나는 아무것도 안 하고
가만히 앉아서 칭찬 듣고
아들들은 제 복 제가 갖고 나와
유학비 다 벌게 해주고
아름다운 중년을 골프 치면서
자연과 더불어 사는 삶이 좋단다

나는
남편이 저질러 놓은 일처리 하다가 20년
겨우겨우 먹고 사는 일이 바빴고
작년 11월에 빚잔치 끝내고

이제사 한시름 놓고 사노라고

그리고 둘이는 웃었다

내 동생

너무 착해 어리석은 사람
엄마 잃은 일곱 살의 정신연령
항상 당하고도 잡초처럼
풀풀 털고 일어나는 사람

열심히 일하고도 늘
호주머니가 비어있는 사람
특허권 따느라 청춘을 다 바친
마흔 넘은 노총각 내 동생
누나로서 뇌수가 터질 것 같지만

어느 날 걸려온 노부의 전화 한 통
"그놈이 참 착한 놈이라
어진 성자야
그러니 백신이 보호해주지 않겠나
나는 그놈 걱정 안한다"

착해서 탈이지 라고
전화기에 말은 했지만
나의 눈에선
알 수 없는 눈물이 쏟아지고 있었다

저승과 이승

새로운 별에서 샛별처럼 살고 있는 새색시 엄마별과
지구에서 어린왕자처럼 살고 있는 노부가
선녀와 신선으로 만나
광활한 우주를 놀이터로 삼았으면

헤어질 때 나이는 영원한 정신연령
천방지축 젊음은 살얼음판
두근두근 삶의 연줄에 심어 놓은 새싹들
영혼을 두고 떠난 이승

이젠 팔십고개를 바라보며
아무리 씩씩해도 저녁노을 같은 아버지
엄마보다 더 많은 나이를 먹고 지구에 있는 나
이승과 저승의 오작교는 현충일
엄마 제삿날

엄마 묘소에서

옥산 아래
청수 뒤뜰
엄마 무덤 외로울까
백로 떼 날아왔네
하얀 깃털 자랑하며
저수지 노니는데

성묘 못한 딸을 위해
백로가 위로하니
하염없는 눈물만이
마른 저수지 채우누나

새벽3시 잠을 깨면
떠오르니 엄마요
보는 것이 카톡이라
동문들의 소식 속에
엄마 묘지 거기 있네

제사

사경을 헤맨 시어머니의 유언
제사지내지 마라

정화수 한 그릇 떠놓고
밤하늘에 기도하려고 했더니
간단히 주문 제상 차리자는 시누
다시 시어머니 전화했더니
니 알아서 해라

부랴부랴 시장 봐 조촐한 상 차려
남편 혼자 제를 올리고 인증샷도 하네

새들 속에 병든 병아리 한 마리
날갯죽지로 기어다닌다
열악한 환경에 이 새 저 새에게 쪼이고 있는데
불씨까지 살아나 부리에 붙었다
불쌍한 맘에 물 한 바가지 뜨러 갔는데
죽으려고 축담으로 기어가던 병아리
깃털 화려한 까투리로 변했다
꿈이었다
그리곤 죽을 만큼 아팠다

이종 언니들의 회동

다음 해의 우듬지를 위해
잎새는 낙엽 되어 떨어지고
손에 손 잡고 절망의 벽을 오르는
담쟁이 넝쿨처럼
이종 사촌 사이 담소는
희망의 벽을 넘고
손에 손 잡고
소망의 벽을 오른다
웃음소리는 배려와 나눔을 낳고
서로를 토닥거린다

다음 세대의 우듬지를 위해

첫숨과 끝숨

씨앗 한 톨로 자궁에 숨었다
톡톡 터지는 깨알만큼 매실만큼
수박만큼 부풀어 오르더니
내 사랑 첫숨으로 태어났다
잔잔한 호수에 떠있는 샛별 같은 눈동자
고사리 움트듯 펴지는 손가락
환해지는 첫숨의 평온한 미소
여명의 문으로 들어오는 콩콩이 숨소리

아, 저 배냇짓
지독한 짝사랑에 빠진 끝숨
눈이 튀어올랐다
코가 솟아났다
입이 벌어졌다
허리가 굽어졌다
귀는 남겨두고
끝숨의 사랑이 날아간다

입관

– 동생의 장례식에 부쳐

내 눈에 마를 새 없는 눈물심지 심어놓고
영혼 떠난 육신만 껍데기로 남겨놓고
훅하니 가버린 너는 시리도록 푸르다

우리에게 샘솟는 눈물심지 꽂아놓고
포장으로 쌓인 너의 모습 울리는 아픔은
하얀 천, 삼베수의를 덮어주던 관 뚜껑

눈물

저 세상 간 동생이 심어 놓은 눈물심지
허허로운 들판에 아직도 타고 있네
마지막 잎사귀처럼 매달린 영혼이

나목의 우듬지에 희망되어 빛나고
고드름 가지되어 추위에 떨어도
한겨울 눈물방울은 붉은 심장 훑어가고

누가 불러 갔는지 누가 오라 했는지
바람처럼 훅하니 가버린 내 동생
밤하늘 달빛꽃으로 피어나는 눈물샘

면암 최익현 선생님 추모제를 기리며

무관심의 소치로
김삿갓의 우를 범하지 않게 하소서
진주 의병장 증조부님의 후손으로 여기 섰습니다

임을 흠모했고 임을 따르던 제자요
대마도에서 임의 시신을
부산 초량으로 운구해 오신 분이 지척에 계셨는데도
몰락한 가문의 후예는
역사의 뒤안길에서 부끄럽게 살았습니다

임의 정신, 임의 충정,
임 가신 길 따르지 못한 소치
서러운 목숨을 이어왔으니
못내 가슴이 저려옵니다.

흘러 흘러 포천 땅에 정착해 살면서도
조상을 팔고 싶지 않아
못내 임을 외면했습니다

청성공원 임의 모습
당당하고도 높은 기상 뵈올 때마다
선조의 고귀한 환영 앞에
작아만 지는 내가 싫었습니다

조상의 소중했던 인연
목에 걸린 가시를 빼는 심정으로
괴로운 심사를 고백합니다

이름 없는 민초
사라진 진주 의병장 정한용
증조부님의 혼을 받들어 향을 사릅니다
부디 편히 영면하소서

피서지 하동

봄이면 매화향 취하고 섬진강 벚꽃터널 지나
여름 맞으면 푸르름 자랑하는 지리산 자락마다
갈매빛 산그늘이요 줄기마다 은가비 강줄기라
사색을 즐기는 님은 하동이 피서지로 좋으나니
가라! 하동으로
오라! 하동으로
때론 바가지요금으로 입안이 씁쓸할지라도
돌아올 때면 매실 취한 향기로 돌아올 테니

미제 사건

몰락한 의병대장 집안 장손과 장녀가
포천막걸리 한 잔으로
최익현 선생님과 진주 의병장을 논하며
저녁 한때를 보냈다

증조부이신 정한용 의병장께서
대마도에서 아사하신 최익현 의병장의 시신을
부산에서 운구하셨다 한다

역사적인 사건의 기록이 어디에 있다하는데
좀 더 알아봐야 할 일인 것 같다
역사는 흐른다

청성공원의 하루

밤새 내린 아침 이슬 깨고
새빨간 샛노란 새파란 잎새들이
공원을 휘장치고
아트홀 축제 노랫소리 충만하니
가실은 즐거워라

숲 벤치에 앉아 폰으로
연서를 보내는지
시어를 저장하는지
중년의 청춘이 메모에 열중하고
손에 손잡고 손녀를 그네 태우고
카메라를 어깨에 메고 가을의 전설을
슬라이드하고
약수 뜨고
운동하고
아이 웃음소리 속에
도란도란 얘기소리 흐른다

한탄강

가난도 서글픈데 원성까지 들어서야
한탄강변에 앉아 흐르는 푸른 물에
설움 태워 보내니
날으는 까마귀
짝 찾아 입 맞춘다

죽어야만 영웅인가

일제강점기 나라 위기에 목숨 내걸고 왜적과 싸워도
종이쪽지 서훈 한 장 안 주는 나라가 나라냐

순진할 땐 후손이 못나 그런 줄 알았는데
표밭 인심 모아 사적 죽음에도 후한 대접받는 걸 보니

영웅이 무엇인지
나라가 무엇인지
조국수호 희생은 개죽음

나의 증조부님은
참 개 같은 삶을 사셨구나

짓밟히는 민초의 삶을 구하고자
빼앗긴 주권을 되찾고자
진주시민 추대 의병장되어 일 만 군사 식량으로
곡간 비워가며
왜군의 총 앞에 칼 들고 나서서
죽음 앞에 섰다가
죽지 않고 살아남아

살아남은 자의 비애를 안고
평생을 살았더니

세월 지나 당당해진 국권 앞에
후손이 신청한 국가유공자
퇴짜 놓고
표밭 인심만 챙기는 위정자들

죽으면 영웅이요
살아남으면 역적인 세상

푸른 산이 삶의 생명인줄 알았는데

한겨울 생거진천에서 남부터미널
가는 고속도로변 산들의 노랗게
익어있는 모습에 새싹이 돋아난다

연세 드신 분들이 모여
공부하는 도서관 수필모임에 참석하기 위해
하루를 공손히 받치러 가는 길이다
공부보다 훈기 따뜻한 인품들의
덕담이 좋아 하루가 즐겁기 때문이다

수필은 그냥 내 삶의 희로애락을 잘 전달하고
교훈적인 감동이 있으면 되는 글 인줄 알았는데
노장들의 공부하시는 모습에서
출간한 책에서 많은 지식이
필요하다는 것을 알았다

겨울 산의 노랗게 익은 모습에서
살아 온 길을 노릇노릇하게 구워 오신
노익장들과 함께 지글지글 탈 수 있는
내 삶의 하루가 축복이다

통영 이순신공원에서

내 마음에 늘 바다 하나 품고 있어
밀려오는 파도 마냥 식혀지지 않는 근심

미움도 아니고 애증도 아니고
사라지지 않고 일렁이는 하얀 거품 같은

통영 이순신공원에서 바라보는 전란의 흔적들
바다 위를 떠다니는 전선 속의 거북선

오늘도 바다는 망중한을 즐기지 아니하고
쉼 없이 조국을 지키느라 바쁜 호국영령들

꺼지지 않는 운석 같은 바다
내 마음에 늘 품고 있다

발문
시련을 딛고 일어서는 용기의 언어

김순진(문학평론가 · 고려대 평생교육원 교수)

▌발문 ▌

시련을 딛고 일어서는 용기의 언어

김순진(문학평론가 · 고려대 평생교육원 교수)

인생을 사노라면 누구나 우여곡절이 있다. 모진 비바람과 거센 파도가 밀려와 죽을 것 같은 어려움을 헤쳐나와야 비로소 인생다운 인생을 느끼게 된다. 그런데 나는 정현경 시인의 인생처럼 모진 인생은 일찍이 보지 못했다.

정현경 시인의 삶과 나의 삶은 빼닮은 듯 닮아있다. 나도 일찍 어머니를 여의었고, 그녀도 일찍 어머니를 여의었다. 나는 중학교 3학년 때 어머니가 병환으로 돌아가셨는데, 오히려 그녀는 나보다 더 어린 나이인 초등학교 5학년 때 어머니를 여의었다.

똑똑한 선비이시지만 자식들을 돌보지 않는 아버지로 자식들의 마음에 깊은 상처를 주었던, 그토록 원망스럽던 아버지를 나몰라하지 않고 공양하는 것 또한 비슷하다.

정현경 시인과 나와 닮은꼴은 또 있다. 그녀는 나와 같이 방송통신대학교를 나온 동문이다. 그녀는 진주에서 선명여자상업고등학교를 졸업한 후 서울로 올라와 방송통신대학교 학보사에 근무하며 유아교육과를 졸업하고, 후일 한국방송통신대학 부설 동숭어린이집에서 교사로 근무하면서 법학과를 졸업하게 되는데, 나도 정현경 시인이 방송통신대학교 법학과에 다닐 무렵에 국문학과를 다녔다. 이를 테면 인생은 내가 선배지만 학교는 정현경 시인이 선배인 셈이다.

매년 일어나는 척추뼈 골절과 갈비뼈 골절은 아마도 그녀가 몸을 아끼지 않고 시련과 맞서 싸우다 생긴 일이리라. 그렇게 끊임없이 시련이 닥쳐오지만 그녀는 보기 좋게 그 시련을 딛고 밝게 웃는다. 그녀가 포천에 살다가 진천으로 이사를 간 지는 얼마 되지 않는다. 그녀가 진천에서 자서전쓰기수업에 든 것도 병원생활에서의 무료함을 달래기 위한 방편이었다.

나는 그녀가 그 같이 수많은 시련을 딛고 일어날 수 밖에 없는 데는 결정적으로 그녀는 무엇이든 배우려고 하는 학구열이 밑바탕이 되었다고 생각한다. 그녀는 방송대를 두 번이나 졸업하는 것 말고, 포천문예대학과 진천에서의 자서전쓰기교실 수업과 시조수업을 받는 것 말고도 그녀는 수없이 많은 자격증을 따게 되는데, 그것이 그녀를 일으켜 세운 원동력이라 평한다.

그녀는 1980년 타자 4급 자격증을 시작으로 유치원

2급 정교사 자격증, 1986년 자동차운전면허증 2종 보통, 보육교사 1급 자격증, 보육시설장 자격증, 요양보호사 1급 자격증, 사회복지사 2급 자격증, 레크레이션 코치 1급 자격증, 시니어 행복코디네이터 자격증, 웰다잉 상담심리사 1급 자격증, 노인통합지도사 1급 자격증 등을 취득하게 되는데, 이는 그녀가 얼마나 열심히 살아왔는가를 보여준다.

나는 정현경 시인이 국어국문학과 출신도 아닌데 이렇게 완성도 높은 시를 쓰리라고는 생각지 못했다. 요즘 그녀는 진천에서 나순옥 시조시인이라는 훌륭한 스승을 만나 시조수업을 다닌다. 이번 시집에는 시조가 빠져 있다. 시집 원고를 보내올 때, 그 속에는 20여 편의 빼어난 시조가 포함되어 있었는데, 나는 시조는 훗날 나순옥 선생님께 시조를 체계적으로 배운 후 등단을 하고 나서 내도 늦지 않다고 정현경 시인에게 말했다.

그녀의 시집을 읽으면 저 여린 여자가, 밝고 희망덩어리일 것만 같은 명랑한 여자가 어떻게 그렇게 많은 어려움을 겪고 나왔을까? 눈물도 나고 동정심도 일며, 그녀에게 밀려오는 집채만큼 큰 파도와 도저히 넘을 수 없을 것 같은 태산 같은 시련을 함께 넘는 듯한 동병상련의 마음이 든다.

나는 그녀가 보내온 200여 편의 시편 중에서 시적인 완성도가 높은 작품들로만 골라 이번 첫 시집을 편집하였다. 그녀가 써내고 있는 일련의 시편들은 제목만 봐도 그녀가 얼마만큼의 완성도를 가지고 시를 쓰는지 금방 알 수 있다. "툴툴 주식시장, 커피사피엔스, 고속도로의 꿈, 빗방울 시계, 손가락 나무, 인공색소를 뿌리다, 풀잎 같은 여자, 미세먼지의 하루, 움트는 땅속, 부유한 창틀, 바위의 묵념, 바람은 썩지 않는다, 신은 죽었다 아니 신은 살아있다" 등의 제목만 봐도 그녀가 그동안 완성도 높은 시를 창작하기 위해 얼마나 노력해왔는가 알 수 있다.

나는 이 시집을 크게 다섯 부분으로 편집하였다. 1편은 현대시, 2편은 생활시, 3편은 마음시, 4편은 자연시, 5편은 가족시 등이다. 5부로 편집된 모두가 큰 의미를 가진다. 모두 어느 방법으로든 문학성이 가미된 작품들만 선별하여 실었다. 때문에 나는 그녀가 처음 이번에 출판되는 자서전과 함께 시집을 내고 싶다고 말했을 때 첫 시집이 이렇게 훌륭하리라곤 생각지 못했다.

정현경의 시편들은 질풍노도를 견딘 용기의 언어다. 그렇게 큰 시련이 닥쳐오면 대부분의 여자들은 포기하고 말 것 같은데, 정현경 시인은 당당히 맞서 이겨내며 오히려 이웃에게 밝은 미소와 아름다운 봉사로 희망을 주고 있다. 이처럼 훌륭한 첫 시집을 상재하는 그녀에게 우레와 같은 박수를 보낸다.

이 도서의 국립중앙도서관 출판예정도서목록(CIP)은 서지정보유통지원시스템 홈페이지(http://seoji.nl.go.kr)와 국가자료종합목록 구축시스템(http://kolis-net.nl.go.kr)에서 이용하실 수 있습니다. (CIP제어번호 : CIP2019046035)

정현경 시집

우화의 날갯짓

초판인쇄일 2019년 12월 2일
초판발행일 2019년 12월 9일

지은이 : 정현경
발행인 : 김순진
편집장 : 전하라
디자인 : 김초롱
펴낸곳 : 문학공원
등 록 : 2004년 3월 9일 제6-706호
주 소 : 우편번호 03382 서울 은평구 통일로 633
녹번오피스텔 501호 스토리문학사
전 화 : 02-2234-1666
팩 스 : 02-2236-1666
홈페이지 : http://cafe.daum.net/yob51
이메일 : 4615562@hanmail.net

ISBN 978-89-6577-313-9 03810 정가 10,000원